CubaRican

CubaRican

Poems & Stories

Eduardo R. del Río

Translated to the Spanish by the author.

Mouthfeel Press

CubaRican

Copyright © 2023 by Eduardo R. del Río

Mouthfeel Press is an indie press publishing works in English and Spanish by new and established poets. We publish poetry, fiction, and nonfiction. Our books are available at online booksellers, independent booksellers, and authors' readings.

Cover art: Two Islands by M. Janet Evans

Contact information:
Mouthfeelbooks.com
Info.mouthfeelbooks@gmail.com

ISBN: 978-1-957840-23-9
Library of Congress Control Number
2 0 2 3 9 4 9 7 7 5

Published in the United States, 2023

First Printing in English

$17

MOUTHFEEL PRESS

CONTENTS

For my parents

CubaRican

Goodbye

We left Cuba when I was four years old. It's really remarkable the images that stand out in your mind at that early age, especially from such an eventful day.

I was wearing brown shorts and red socks. My mom had on a plain beige dress. The airport was full of strangers running around and shouting.

Lots of noise. Long lines. A tall man with a uniform and a very nice smile. A long table with lots of things on it. Sparkling jewelry. A blue plastic airplane. Photographs. Official-looking documents. Money.

Next to us, a man was hugging his wife. She was crying. I thought they were saying goodbye, but I saw them later on the plane together. My mom was smiling every time she looked at me. This was going to be a fun trip. We were going to visit some cousins in Spain I had never met. There'd be snow there! It was going to be fun. We'd be back home soon.

Adiós

Salimos de Cuba cuando yo tenía cuatro años. Es realmente notable las imágenes que se destacan en tu mente a esa temprana edad, especialmente de un día tan memorable. Tenía puesto pantalones cortos color marrón y medias rojas. Mi mamá tenía un vestido beige sencillo. El aeropuerto estaba lleno de gente corriendo y gritando. Mucho ruido. Filas largas. Un hombre alto en uniforme con una sonrisa muy agradable. Una mesa larga con muchas cosas en ella. Joyas brillantes. Un avión de plástico azul. Fotografías. Documentos oficiales. Dinero. Junto a nosotros, un hombre abrazaba a su esposa. Ella estaba llorando. Pensé que se estaban despidiendo, pero más tarde los vi juntos en el avión. Cada vez que mi mamá me miraba se sonreía. Este iba a ser un viaje divertido. Íbamos a visitar a unos primos en España que nunca había conocido. ¡Habría nieve allí! Iba a ser divertido. Volveríamos a casa pronto.

Los Morros

Twins born from African sweat and blood.
Children for two hundred years.
Two hundred more as adolescents.
Brothers in Arms standing stout against foreign enemies.
Drake pounding on their sides to no avail.
Heads held high and sight fixed on a bright horizon.

Excited cries of children pierce the air
As they fly kites on its broad shoulders.
Whispers of lovers echo in its ears
As they steal kisses in garitas that jut out to the sea.
Like bright unblinking eyes.

Silence within its hungy entails
Rumbles for justice and demand revenge.
Forgotten moans of emaciated prisoners
Echos through its collapsed lungs
Like coagulated blood.

Twins born from African Sweat and Blood.
Caribbean Menaechmi.
Torn apart by men who would be gods.

Los Morros

Gemelos nacidos del sudor y la sangre Africana.
Niños por doscientos años.
Doscientos más como adolescentes.
Hermanos de Armas contra enemigos extranjeros.
Drake golpeando sus costados en vano.
Cabezas en alto y vista fija en un horizonte brillante.

Gritos de niños excitados perforan el aire
Mientras vuelan chiringas sobre sus anchos hombros.
Susurros de amantes resuenan en sus oídos
Mientras se roban besos en garitas que sobresalen al mar.
Como ojos brillantes sin parpadeo.

Silencio dentro de sus entrañas hambrientas
Retumba por la justicia y exige venganza.
Gemidos olvidados de prisioneros demacrados
Reverberan a través de sus pulmones colapsados
Como sangre oscura coagulada.

Gemelos nacidos del sudor y la sangre Africana.
Menaechmi caribeño.
Separados por hombres que se creían dioses.

Taínos

We moved with my new stepfather to Puerto Rico, where he was from when I was eight years old. Even though it was a new environment, I thought things wouldn't be so bad because at least everyone spoke Spanish. On the first day of school, I overheard two girls talking, and one of them said that some boy was "un embustero." I had no idea what that word meant, so I worried things might not be okay after all since I had no idea what they were talking about. Still, it was better than having to learn a whole new language, so I figured I'd be alright.

I had always done well in school, so I didn't find things too difficult. The only subject I had trouble with was history, even though it had always been one of my favorites. I loved learning about distant places and strange customs. In this class, we were learning about the history of Puerto Rico, though. All the other kids were familiar with some of the events and famous people in the island's past, but for me, everything was new.

Our first big test was all about the indigenous people of Puerto Rico, the Taíno Indians. I had tried to pay attention during the lectures, but I couldn't seem to focus. I felt terrible when I heard about their total annihilation by the Spaniards, but the other kids seemed far more interested than I was. I even thought I saw the teacher's eyes get a bit watery when she described their eventual extinction through disease and outright slaughter. I remember her making a big deal about "our Taíno heritage." Did she mean me, too? When I got the test back, I couldn't believe my eyes; it was the first "F" I had ever gotten! I tried to hold back the tears, but I

Taínos

Nos mudamos con mi nuevo padrastro a Puerto Rico, donde él había nacido, cuando yo tenía ocho años. A pesar de que era un ambiente nuevo, pensé que las cosas no estarían tan mal porque por lo menos todo el mundo hablaba español. El primer día de clases oí a dos niñas hablando, y una dijo que un niño era "un embustero". Yo no tenía idea que quería decir esa palabra, así que me preocupé porque a lo mejor las cosas no estarían bien después de todo. Pero por los menos era mejor tener que aprender un idioma completamente nuevo, así que pensé que estaría bien.

Siempre me había ido bien en la escuela, así que no encontré las cosas demasiado difíciles. El único tema con el que tuve problemas fue historia, a pesar de que siempre había sido uno de mis favoritos. Me encantaba aprender sobre lugares lejanos y costumbres extrañas. Pero en esta clase estábamos aprendiendo sobre la historia de Puerto Rico. Todos los demás niños estaban familiarizados con algunos de los eventos y personas famosas en el pasado de la isla, pero para mí, todo era nuevo.

Nuestro primer examen iba a cubrir la historia de la tribu indígena de Puerto Rico, los indios Taínos. Había tratado de prestar atención durante las lecturas, pero no podía concentrarme. Me sentí mal cuando oí que fueron totalmente aniquilados por los españoles, pero los otros niños parecían mucho más interesados que yo. Incluso pensé que los ojos de la maestra se ponían un poco llorosos cuando describió la eventual extinción de los taínos por causa de enfermedades y masacres. Recuerdo que ella puso énfasis en "nuestra herencia Taína". ¿Se refería a mí también? Cuando me

couldn't. After class, the teacher tried to reassure me. "Don't worry," she said. "It's all in the past."

devolvieron el examen no podía creer lo que veía; ¡fue la primera "F" que tuve en mi vida! Traté de contener las lágrimas, pero no pude. Después de la clase, la maestra trató de tranquilizarme. "No te preocupes", me dijo. "Está en el pasado".

Quenepas

It's a small green fruit, about the size of a grape. It has a rough skin like an avocado's, which, when peeled, reveals a seed about as big as a walnut covered with a fibrous, sweet substance. You peel them, pop them in your mouth, and suck them like candy. My stepfather was born outside the southern Puerto Rican city of Ponce, and when I was a kid and we'd travel there from San Juan, we'd always stop to buy quenepas; the trees were full of them. Sometimes, one of his cousins or uncles would just give us a bagful. I'd sit in the backseat of the car and eat them all the way home. Once in a while, I'd get a semi-sour one, but I didn't spit it out; those were the best somehow.

In Cuba, they're called *mamoncillos*. I know that because my mom would make a point of calling them that, even though we had lived in Puerto Rico for many years. I don't know if it was just out of habit or because the small fruit reminded her of home. When I think of the fruit, it is always a quenepa, but if someone refers to it as a mamoncillo, I smile and feel like a kid again.

When I visit Puerto Rico now, I don't eat quenepas. Maybe I'm just not there at the right time of the year. What I do know is that I miss them, those sweet, sometimes bitter fruit.

Quenepas

Es una fruta verde pequeña, aproximadamente del tamaño de una uva. Tiene una piel áspera como la de un aguacate, que cuando se pela revela una semilla del tamaño de una nuez cubierta con una sustancia fibrosa y dulce. Las pelas y las chupas como dulces. Mi padrastro nació en las afueras de la ciudad de Ponce, en el sur de Puerto Rico, y cuando yo era un niño y viajábamos allí desde San Juan, siempre nos parábamos a comprar quenepas; los árboles estaban llenos de ellas. A veces uno de sus primos o tíos nos daba una bolsa. Yo me sentaba en el asiento de atrás del carro y me las comía todo el camino a casa. De vez en cuando me tocaba una semi-agria, pero no la escupía; a veces esas eran las mejores.

En Cuba se llaman *mamoncillos*. Lo sé porque mi mamá siempre las llamaba así, aunque ya habíamos vivido en Puerto Rico muchos años. No sé si era solo por costumbre, o porque la pequeña fruta le recordaba a su país. Cuando pienso en la fruta, siempre es una quenepa, pero si alguien se refiere a ella como un mamoncillo, sonrío, y me siento como un niño otra vez.

Cuando visitó Puerto Rico ahora, no como quenepas. No sé si es porque simplemente no estoy ahí cuando están en temporada. Lo que sí sé es que las echo de menos, esas frutas dulces, algunas veces amargas.

Bruquena

A *bruquena* is a Puerto Rican slang word for river crab. I'm not really sure where the word comes from. It may be a derivation of the English word "brook." In fact, it's one of those words only used in certain parts of the island, so that even many Puerto Ricans may not know it. The first time I heard it, I was nine years old. We were on one of our summer trips to Ponce. Actually, we weren't really in Ponce, but in the small mountainous village where my stepdad was from, on the outskirts of the city.

My stepbrother Roberto was with us. He was visiting for the summer as he sometimes did. He was a year older than me, although it seemed like much more. Maybe it was because he lived in New York City and had a certain toughness about him. He was taller, outweighed me by at least ten pounds, and seemed wiser somehow. I can't say that he bullied me, exactly. I don't remember him ever actually beating me up, but I did feel a bit uneasy whenever he was around. This particular day, I wasn't really thinking about that, though. My stepdad was there, so I wasn't worried. The three of us had gone down to the river for a swim. It was a long, winding river that originated somewhere at the top of the mountain and made its way down past several villages on its way to the city far below. The water was always clear, cool, and inviting. Usually, we'd jump from boulder to boulder, wearing only cut-off jeans, until we found a nice, deep pool to swim in. As we did so on that warm summer day, my stepdad said, "Oye, there's a bruquena under that boulder." I had no idea what he meant, but both of us stopped, like frozen statues on a rock. "What is it, papí?" I

Bruquena

En Puerto Rico una *bruquena* es un cangrejo de río. No estoy muy seguro de dónde viene la palabra. Puede ser una derivación de "brook" en inglés. De hecho, es una de esas palabras que solo se usan en ciertas partes de la isla que tal vez hasta muchos mismos puertorriqueños nunca han oído. La primera vez que yo oí esa palabra tenía nueve años. Fuimos en uno de nuestros viajes de verano a Ponce. En verdad no estábamos en Ponce, sino en la pequeña aldea montañosa en las afueras de la ciudad donde nació mi padrastro. Mi hermanastro Roberto estaba con nosotros. Él estaba de visita durante el verano como a veces lo hacía. Tenía un año más que yo, aunque parecía mucho mayor. Tal vez porque vivía en Nueva York y tenía cierta dureza. Era más alto, pesaba como diez libras más que yo, y parecía más sabio. No puedo decir que me intimidaba exactamente. No recuerdo que alguna vez me golpeara, pero me sentía un poco incómodo cada vez que estábamos juntos. Pero este día en particular no estaba pensando en eso. Mi padrastro estaba allí, así que no estaba preocupado. Los tres habíamos ido al río a nadar. Era un río largo y sinuoso que originaba en la cima de la montaña y se abría paso por varios pueblos en su camino hacia la ciudad. El agua siempre era clara, fresca y acogedora. Usualmente saltábamos de piedra en piedra, vestidos en solo jeans cortados, hasta que encontrábamos una bonita piscina profunda para nadar. Mientras lo hacíamos ese cálido día de verano, mi padrastro dijo, "Oye, hay una bruquena debajo de esa piedra". No tenía idea de lo que quería decir, pero ambos nos detuvimos, como

asked. "A river crab." I didn't even know there were freshwater crabs, but it sounded like it'd be cool to see one. I hadn't realized that while I was thinking about this, Roberto had jumped down from his boulder into the water and was sticking his hand under the rock, trying to catch the thing. "Come, Eddie, look." "You try to catch it too," my stepdad called to me.

I jumped down from my boulder and waded over to where my stepbrother was crouching. He looked down into the water, so I did too, but I couldn't see anything. He said, "It's hiding under that rock. Stick your hand in and grab it." I had seen small crabs before, of course. There was nothing to be afraid of, so I stuck my arm into the water and reached into the crevice where he had pointed. Suddenly, I felt a sharp pain in my finger, so I yelled and stuck my hand out. My index finger felt like it was on fire, and I could've sworn it was bleeding, although I'm not so sure now. I do remember my tears, though, as well as Roberto's piercing laughter. It seemed to echo down through the river, announcing my fear to all below.

My stepdad, though, didn't say a word.

estatuas congeladas. "¿Qué es eso, papi?", le pregunté. "Un cangrejo de río". Ni siquiera sabía que había cangrejos de agua dulce, pero parecía que sería nítido ver uno. No me había dado cuenta de que mientras pensaba en esto, Roberto había saltado al agua y estaba metiendo su mano debajo de la roca tratando de coger el cangrejo. "Dale, Eddie, ve". "Vamos, tú también trata de agarrarla", llamó mi padrastro. Salté de mi roca y fui hasta donde mi hermanastro estaba agachado. Él estaba mirando atentamente hacia el agua, así que yo también lo hice, pero no veía nada. Me dijo, "Se esconde debajo de esa roca. Mete la mano y agárrala". Había visto pequeños cangrejos antes, por supuesto. Nada que temer, así que metí la mano en la apertura donde él había señalado. De repente sentí un dolor agudo en el dedo, y grité y saqué la mano. Mi dedo índice se sentía como si estuviera en llamas, y podría haber jurado que estaba sangrando, aunque ya no estoy tan seguro. Lo que sí recuerdo son mis lágrimas, así como la risa penetrante de Roberto. Parecía resonar a través del río, anunciando mi temor a todos los residentes de la ciudad en la base de la montaña.

Mi padrastro no dijo una palabra.

Doble Treinta

We played doble-treinta after school,
hiding in dark places
where not even spiders would be found.
We were running kids,
Black, white, and brown.
From taíno, siboney, and castellan.
Not afraid of the dark.
Not afraid of the echoes of long-forgotten footsteps
that the nuns with wooden rulers left behind.
Not afraid of the junkies sleeping under newspapers
in the corner of the yard.
Not afraid of the sirens whizzing by
on their way to a caserío or a morgue.
Not afraid of stray dogs
wandering hungrily with vacant eyes.
Not afraid of long-forgotten wars
that coursed throughout our veins.

Not afraid of each other's future rage.

Doble Treinta

Jugamos doble-treinta después de las clases,
escondiéndonos en lugares oscuros
donde ni siquiera arañas se atrevían a llegar.
Éramos niños corriendo,
blanco, negro, y trigueño
de taíno, siboney, y castellán.
Sin temor a la oscuridad.
Sin temor a los ecos de pasos olvidados
de las monjas con sus reglas de madera.
Sin temor a los tecatos dormidos bajo los periódicos
en la esquina del patio.
Sin temor a las sirenas
sonando de camino a un caserío o a una morgue.
Sin temor a los perros callejeros
con miradas vacías.
Sin temor a las guerras olvidadas
que corrían por nuestras venas.

Sin temor a nuestro futuro rencor.

The Doll

My cousin lived in a high-rise right in the middle of Santurce, on the seventh floor. I don't remember the exact number, but it was to the left as you got off the elevators. His mother had decorated the place with ultra-modern furniture. There were glass and chrome tables and large, suede sofas and chairs. Porcelain and china were displayed prominently. There seemed to be nothing out of place. I was always very careful not to touch anything, especially the four-foot black doll that stood in one corner of the living room. I knew that was my aunt's favorite piece of all.

Sometimes, the doll wouldn't be there for a few days, and when she returned to her spot, her hair would be freshly brushed and she smelled like she had new perfume on. I also knew the doll was important because I had asked my mom about it once, and she told me that it was probably part of something called Santería. My mom got a really serious look on her face and asked me to sit in the kitchen while we sipped café con leche.

She did her best to explain the Cuban tradition that dates back to colonial times when African slaves were forced to subsume their religion into Catholic dogma. The Pantheon of African Gods had been appropriated by Catholic saints who shared some of their particular spiritual powers. That morning, in the coolness of our marquesina, a Cuban mother patiently and lovingly attempted to ensure the preservation of a key cultural tradition. Unfortunately, for an eight-year-old boy, the story that was deeply intertwined with his ancestry sounded simply like a ghost story. Suddenly, the dusty glass of water I had found under her bed a few months ago

La Muñeca

Mi primo vivía en un edificio en el centro de Santurce, en el séptimo piso. No me acuerdo el número exacto, pero estaba a mano izquierda cuando salías del ascensor. Su mamá había decorado el apartamento con muebles ultramodernos. Había mesas de vidrio y cromo y sofás y sillas de gamuza. Los platos de porcelana se exhibían de manera prominente. No había nada fuera de lugar. Yo siempre tenía mucho cuidado de no tocar nada, especialmente la muñeca negra de cuatro pies de altura que estaba en una esquina de la sala. Sabía que esa era la pieza favorita de mi tía.

A veces la muñeca no estaba allí por unos días, y cuando regresaba a su lugar tenía el pelo recién cepillado y olía como si tuviera un perfume nuevo. También sabía que la muñeca era importante porque una vez le había preguntado a mi mamá sobre ella, y me dijo que probablemente era parte de algo llamado Santería. Mi mamá puso una cara seria y me pidió que me sentara en la cocina mientras bebíamos café con leche.

Me explicó la tradición cubana que existe desde la época colonial, cuando los esclavos africanos se vieron obligados a subsumir su religión en el dogma católico. El panteón de los dioses africanos había sido apropiado por santos católicos que compartían algunos de sus poderes espirituales particulares. Esa mañana, en la frescura de nuestra marquesina, una madre cubana intentó paciente y amorosamente asegurar la preservación de una tradición cultural clave. Desafortunadamente, para un niño de ocho años, la historia que estaba profundamente entrelazada con su ascendencia sonaba simplemente como un cuento de fantasmas. Después de la ex-

was now more than a careless oversight. And the statues of the Catholic saints around our house that I was taught to revere now took an eerie and frightening dimension.

While there were representations of various saints throughout our home, two were most prominently displayed. One was the patron saint of Cuba, La Caridad del Cobre, Our Lady of Charity, and the other was San Lazaro, or Saint Lazarus, the beggar in the parable found in the Gospel of Luke. My mother had placed the image of Our Lady of Charity in the living room on a pedestal next to the television. It seemed appropriate to have her notably exhibited in our home, as her compassionate expression while she saved the three fishermen at her feet seemed to bring reassurance and peace to anyone who gazed at her. My mother didn't explain that each saint had an African name and that Oshun, the pagan name for Our Lady, was associated with a spirit of fresh water as well as with Love and Beauty. Had she done so, perhaps I would not have been as hesitant to get too close to her altar in our living room as I did from that day on. Perhaps not, though. I was only eight, and all I could think of after our talk that day was a black and white movie I had seen on television recently where Tin Tan was being boiled in a pot by African cannibals.

San Lazaro, or *Babalu-Aye*, the Orisha (messenger Spirit) of Disease and Sickness, seemed to be the most important image in my mom's life. Of course, at the time, I had no idea that her birthday, December 17th, happened to coincide with Lazarus' Feast Day. I just knew that, although she had placed his likeness in the privacy of her bedroom, his altar was much more ornate than the others. A permanent shrine had been constructed at some point, and it was large enough to hold several candles (at least one was always lit) as well as other offerings. Unlike the peaceful look on Our Lady's face, Lazarus, held up by crutches, appeared to be in tremendous pain. The dogs at his feet licking his many sores gave

plicación, me di cuenta que el vaso de agua que había encontrado debajo de su cama hace unos meses fue puesto ahí a propósito. Y las estatuas de los santos católicos en la casa que me enseñaron a reverenciar, ahora cogieron una dimensión inquietante. Aunque había estatuas de varios santos en toda nuestra casa, dos en particular eran las más prominentes. Una era de la santa patrona de Cuba, La Caridad del Cobre, y la otra era de San Lázaro, el mendigo de la parábola del Evangelio de Lucas. Mi madre había puesto la imagen de Nuestra Señora de la Caridad en la sala en un pedestal junto al televisor. Parecía apropiado tenerla exhibida en nuestra casa, ya que su expresión compasiva mientras salvaba a los tres pescadores a sus pies parecía traer tranquilidad y paz a cualquiera que la mirara. Mi madre no me explicó que cada santo tenía un nombre africano, y que Oshun, el nombre pagano de Nuestra Señora estaba asociado con un espíritu de agua dulce, así como con el Amor y la Belleza. Si lo hubiera hecho, tal vez no hubiese tenido tanto miedo de acercarme demasiado a su altar, como lo hice desde ese día en adelante. Pero tal vez aun ni así me acercaría. Tenía solo ocho años, y todo en lo que podía pensar después de nuestra charla era una película en blanco y negro que había visto en la televisión recientemente donde Tin Tan estaba siendo hervido en una olla por caníbales africanos.

San Lázaro, o *Babalu-A ye*, el Orisha (Espíritu mensajero) de la Enfermedad parecía ser la imagen más importante en la vida de mi madre. Por supuesto, en ese momento yo no tenía idea que su cumpleaños, el 17 de diciembre, coincidía con el Día de la Fiesta de San Lázaro. Solo sabía que aunque ella había colocado su imagen en la privacidad de su cuarto, su altar era mucho más ornamentado que el de otros. Había construido un santuario permanente y era lo suficientemente grande como para contener varias velas (al menos una siempre estaba prendida), así como otras ofrendas. A diferencia de la mirada pacífica en el rostro de Nuestra

the whole thing a pathetic quality, which provided tremendous comfort to my mother but served only to terrify an eight-year-old boy.

Those images and the conversation with my mom were on my mind whenever I stayed at my cousin's apartment, and the doll was in her usual spot in the corner of the living room. As I said, I was very careful not to touch her. I wasn't really sure if she had something to do with santeria, but at the time, it seemed better to be safe than sorry. Not that the doll was the only odd item in that apartment over the years. Other unusual objects appeared and then disappeared. Some were much stranger than the doll. The potato sack in the bathtub that sounded like it had a live chicken in it. The jar in the cupboard that contained a strange greenish liquid. The cigars that no one ever smoked. But the doll was constant. She was always back in her spot after brief departures. In a strange way, it was comforting to know that she would always be back, even though it was also slightly disconcerting to see her there. But there she remained as I progressed through middle and then high school. It wasn't until I was an adult that the fear of such things truly subsided. I like to think that as I matured, I was less afraid of things I can't fully explain. I like to think that the fear was replaced by a deeper understanding of the mix of cultures and beliefs that made me who I am today.

I often involuntarily twitch, however, when I overhear someone at a party talk about a relative who got *mal de ojo* or when someone in the small group talking in a corner whispers, "Changó."

Señora, San Lázaro, sostenido por muletas, parecía estar en tremendo dolor. Los perros a sus pies lamiendo sus muchas llagas le daban una cualidad patética, que aunque probablemente era un tremendo consuelo para mi mamá, solo sirvió para aterrorizar a un niño de ocho años.

Esas imágenes y la conversación con mi madre estaban en mi mente cada vez que me quedaba en el apartamento de mi primo y la muñeca estaba en su lugar habitual en la esquina de la sala. Como dije, siempre tenía mucho cuidado de no tocarla. No estaba muy seguro si ella tenía algo que ver con la santería, pero en ese momento parecía mejor prevenir que lamentar. No que la muñeca fuera el único artículo extraño en ese apartamento a través de los años. Otros objetos raros aparecieron y luego desaparecieron. Algunos eran mucho más extraños que la muñeca. El saco de papas en la bañera sonaba como si tuviera un pollo vivo adentro. El frasco en el armario contenía un extraño líquido verde. Los tabacos que nadie fumaba. Pero la muñeca era constante. Ella siempre regresaba a su lugar después de breves ausencias. Era reconfortante saber que siempre volvería, a pesar de que también era un poco desconcertante verla allí. Pero allí se quedó a medida que yo pasé por la escuela intermedia y luego la secundaria. No fue hasta adulto que realmente el miedo que le tenía a ese tipo de cosa disminuyó. Quisiera pensar que a medida que maduré, le cogí menos miedo a las cosas que no puedo explicar completamente. Quisiera pensar que el miedo fue reemplazado por una comprensión más profunda de la mezcla de culturas y creencias que me convirtieron en la persona que soy hoy.

Sin embargo, a menudo me estremezco involuntariamente cuando escucho a alguien en una fiesta hablar sobre un pariente que sufrió *mal de ojo* o cuando alguien en un grupo habla en un rincón y susurra: "Changó".

Arturo

When I was about eleven, we moved to a new house in a part of Carolina, Puerto Rico, called Villa Carolina. It wasn't just new to us; it was brand new. The whole area was being developed, and there were hundreds of new homes going up. I'd ride my bike around the construction sites every day after school. There was a smell of concrete and fresh paint everywhere. Over the years, the neighborhood gradually deteriorated, and the junkies and drug dealers took over. By the time I was sixteen, it was no longer safe for most people to walk around the park next to our house at night. Of course, I wasn't afraid. I belonged.

Every night people would congregate around one or two of the concrete benches that dotted the park. They'd deal drugs, mostly just pot, and hang around drinking beer. They knew me, although not well, and nodded as I walked by. One night, as I was walking home after a game of one-on-one, I noticed a commotion from one of the benches. Before I knew what was happening, there was a bright flash and a loud bang, and something crumpled to the ground. People ran past me, yelling. Suddenly, my next-door neighbor, Arturo, a skinny black kid about thirteen, was screaming at me. I didn't know what he was saying or why I wasn't running like everyone else.

"Leave the Cuban," someone shouted. He didn't. He grabbed my arm, and even though I outweighed him by twenty pounds, he pulled me almost all the way home.

Later, as we sat on the curb and listened to the sirens, I asked Arturo how that guy who yelled knew I was Cuban. "I don't know,"

Arturo

Cuando tenía como once años nos mudamos a una casa nueva en una parte de Carolina, Puerto Rico llamada Villa Carolina. No solo era nueva para nosotros, era completamente nueva. Toda la urbanización se estaba desarrollando. Yo corría mi bicicleta por los sitios bajo construcción todos los días después de la escuela. Por todas partes había un olor a concreto y pintura fresca. Pero con los años el vecindario se deterioró gradualmente y los drogadictos y traficantes se apoderaron del área. Cuando ya tenía dieciséis años, la mayoría de la gente tenía miedo de caminar de noche por el parque al lado de nuestra casa. Pero yo no tenía miedo, por supuesto. Yo pertenecía ahí.

Cada noche la gente se congregaba alrededor de uno o dos de los bancos de concreto esparcidos por el parque. Usualmente se la pasaban bebiendo cerveza y vendiendo drogas, casi siempre solo marihuana. Todos me conocían, aunque no bien, y siempre saludaban al pasar. Una noche mientras caminaba a mi casa después de un juego de baloncesto, me di cuenta de una conmoción en uno de los bancos. Antes de que supiera lo que estaba pasando, surgió una luz brillante y un fuerte estallido, y algo se cayó en el suelo. La gente pasó corriendo junto a mí gritando. De repente, mi vecino de al lado, Arturo, un niño negro y flaco de unos trece años, me estaba gritando. No sabía lo que estaba diciendo, o por qué yo no había salido corriendo como todos los demás.

"Deja al cubano, Arturo", gritó alguien. No lo hizo. Me agarró del brazo, y aunque yo pesaba como veinte libras más que él, me jaló casi todo el camino a la casa. Más tarde, mientras nos sentába-

he said. "I guess everybody knows. It's just a nickname. It doesn't mean anything."

mos en la acera y escuchábamos las sirenas, le pregunté a Arturo cómo ese tipo que gritaba sabía que yo era cubano. "No lo sé", dijo. "Supongo que todo el mundo lo sabe. Es solo un apodo. No significa nada".

The Sow

The name of the village is "Corral Viejo." It literally means "old corral" and is located on the outskirts of Ponce, Puerto Rico. To get there, you have to drive up a winding and pretty treacherous road. Some of its residents might be offended that I call it a village, but it doesn't seem appropriate to call it a town. Most of the homes are makeshift shacks with tin roofs. Many are propped up with wooden beams and appear as if they might collapse at any time and send everything, including its occupants, hurling down the side of the mountain on which they're perched. The total population can't be more than three hundred. Like I said, it's a village.

One of its most prosperous residents was my stepdad's uncle, a tall, lanky man about seventy named Juan. He owned about a hundred acres where he grew bananas, mangos, and avocados and raised chickens and pigs. One day during the Christmas season, we visited Juan and his family. We had arrived earlier than usual, about 8 A.M., and I wasn't sure why. Back then, it was about a two-hour trip from San Juan, where we lived, and I had slept most of the way. I was twelve years old and not happy about going anywhere so early.

We had been there only about twenty minutes, drinking café con leche and trying to wake up, when several men started walking toward one of the pig pens. My stepdad told me to come along, so I did. We walked up a steep incline about fifty yards from the house. I was still rubbing the sleep from my eyes when we arrived, but a sudden, piercing shriek brought me instantly to my senses. There must have been about twenty or so pigs in this particular

El Lechón

El nombre de la aldea es "Corral Viejo," y se encuentra en las afueras de Ponce, Puerto Rico. Para llegar hay que manejar por un camino sinuoso y bastante traicionero. Algunos de sus residentes a lo mejor se sienten ofendidos que le llame una aldea, pero no parece apropiado llamarlo un pueblo. La mayoría de las casas son chozas improvisadas con techos de hojalata. Muchas están sostenidas con vigas de madera y parecen como si se pudieran derrumbar en cualquier momento, enviando a todo, incluyendo sus ocupantes, para abajo de la colina en la que están encaramadas. La población total no puede ser más de trescientas personas. Como dije, es una aldea.

Uno de sus residentes más prósperos era el tío de mi padrastro, un hombre alto y flacucho de unos setenta años llamado Juan. Tenía alrededor de cien acres donde cultivaba plátanos, mangos, y aguacates, además de criar pollos y puercos. Un día durante la temporada navideña estábamos visitando a Juan y su familia. En esos días era un viaje de dos horas desde San Juan donde vivíamos, y yo había dormido la mayor parte del camino. Tenía doce años y no estaba muy contento de ir a ninguna parte tan temprano.

Habíamos estado allí solo unos veinte minutos, bebiendo café con leche y tratando de despertarme, cuando varios de los hombres empezaron a caminar hacia uno de los corrales. Mi padrastro me dijo que viniera, así que lo seguí. Caminamos por una cuesta empinada a unas cincuenta yardas de la casa. Todavía me estaba borrando el sueño de los ojos cuando llegamos, pero un chillido penetrante me hizo despertar de momento. Debe haber habido

pen, so the fact that only one of them was squealing was very strange. None of the men had made their way into the pen; they were just standing there and looking in. In fact, as far as I could see, no one had made any kind of unusual gesture or attempted to grab any of the pigs. Nonetheless, one pig, only one, a very large sow, was squealing so loudly I was sure it could be heard in the city five miles below. Then, suddenly, before I knew what was happening, the men, including my stepdad, grabbed the sow that had been squealing and tied her legs. They lifted her and carried her to a nearby shed. The squealing seemed louder. I followed in silence. Inside the shed, things happened so quickly that I barely remember them. A sudden gleam, a stab, one last squeal. Blood everywhere.

I'd like to believe more than instinct allowed that pig to see its future.

como veinte puercos en ese corral en particular, así que el hecho que hubiera solo uno de ellos chillando era muy extraño. Ninguno de los hombres había entrado al corral, solo estaban parados ahí mirando. De hecho, por lo que pude ver, nadie había hecho ningún tipo de gesto inusual o tratado de agarrar a uno de los puercos. Sin embargo, un puerco, solo uno, una cerda enorme, chillaba tan fuerte que yo estaba seguro que se podía oír en la ciudad, cinco millas abajo. Entonces, de repente, antes de que yo supiera lo que estaba pasando, los hombres, incluyendo mi padrastro, estaban agarrando a la cerda que había estado chillando y le amarraron las piernas. La levantaron y la llevaron a un cobertizo cercano. El chillido parecía más fuerte. Yo los seguí en silencio. Dentro del cobertizo, las cosas sucedieron tan rápido que casi ni las recuerdo. Un reflejo de luz repentino, una puñalada, un último chillido. Sangre por todas partes.

Quisiera creer que fue más que un instinto lo que permitió a ese puerco ver su futuro.

Black Beans/Pink Beans

We ate rice and beans at my house often. Sometimes, it was the Cuban black beans, frijoles negros. Sometimes, the Puerto Rican pink beans or habichuelas. My mom would usually buy the dried ones in a one-pound bag, and from the time I was about twelve or so, I'd help her go through the bag and clean them. There were usually a couple of small pebbles within them, and some of the beans had slight imperfections. Those were separated and discarded. We worked in comfortable silence most of the time.

One day, though, as we went through a bag of black beans, my mom looked at the ones she held in the palm of her hand and got a weird look on her face. I asked her what she was thinking, and she said she was remembering a time before we left Cuba. Everything was rationed, she said, and after standing in line for hours, the Castro government official would dole out what amounted to a handful of black beans for the entire month. Cubans are often stereotyped as embellishers, especially when it comes to memories of the homeland, but my mom wasn't prone to it. At the time, I didn't really grasp the enormity of what she was describing or what she had gone through those days. I just kept going through the beans.

Years later, when I was home from college for the summer, we were going through a bag of beans together, this time Puerto Rican pink ones. They have the same imperfections as the black ones. As we went through them, I remembered her story about the handful of beans. I was older and much more interested in her life before the exile and asked about it often. She enjoyed talking about her youth in Havana before the revolution. About the years

Frijoles/Habichuelas

En mi casa comíamos arroz y frijoles a menudo. A veces eran los frijoles negros cubanos. A veces las habichuelas rosadas puertorriqueñas. Mi mamá generalmente compraba la bolsa de una libra, y desde que yo tenía doce años más o menos, la ayudaba a revisarlos y limpiarlos. Casi siempre había unas cuantas piedritas en la bolsa, y algunos de los frijoles tenían ligeras imperfecciones. Esos eran separados y descartados. Casi siempre trabajamos en un cómodo silencio.

Sin embargo, un día, mientras revisábamos una bolsa de frijoles negros, mi mamá se fijó en los que tenía en la palma de su mano y puso una cara media rara. Le pregunté qué estaba pensando, y me dijo que recordaba un tiempo antes de que nos fuéramos de Cuba. Todo estaba racionado, dijo, y después de hacer fila durante horas, el funcionario del gobierno le ponía un puñado de frijoles en la mano para todo el mes. Los cubanos tienen fama de exagerados, especialmente cuando se trata de recuerdos de la patria, pero mi madre no era propensa a eso. En ese momento realmente no comprendí la enormidad de lo que ella estaba describiendo, o lo difícil que la había pasado en esos tiempos. Solo seguí revisando los frijoles.

Años más tarde, cuando estaba de visita de la universidad, estábamos limpiando una bolsa de frijoles juntos, esta vez las habichuelas rosadas puertorriqueñas. Esas tienen las mismas imperfecciones que los frijoles negros. Mientras trabajamos me acordé del cuento del puñado de frijoles. Ya era mayor y mucho más interesado en la vida de mi mamá antes del exilio, y le preguntaba

after, not so much, but I was curious about that period and the scarcity she had described. "Was that the worst part of living there at the time?" I wondered. "No," she responded. "The worst thing was always being watched." I had a vague notion of the neighborhood committees in Cuba that were designed to keep order, but very little details and certainly no first-hand accounts, so I asked her to explain.

She, briefly and somewhat reluctantly, shared one particular event. One evening, she walked to a neighbor's house to see if she had any flour, which, like everything else, was hard to find. The neighbor gave her a small scoopful inside a paper bag. On the way home, the head of the neighborhood committee stopped her and demanded to see what was in the bag. "That was typical," she said. "That was the worst part."

We finished cleaning the rest of the pink beans in a much less comfortable silence.

sobre ello a menudo. Le gustaba hablar de su juventud en La Habana antes de la revolución. Del tiempo después, no tanto, pero yo estaba curioso por saber más sobre ese período y la escasez que ella había descrito. "¿Fue esa la peor parte de vivir allí en esos tiempos?" le pregunté. "No", respondió ella. "Lo peor era que siempre te estaban vigilando". Tenía una leve noción de los comités de vecindad que habían en Cuba diseñados para mantener el orden, pero tenía muy pocos detalles, y ciertamente ningún relato de primera mano, así que le pedí que me explicara.

Ella compartió brevemente, y con pocas ganas, un evento en particular. Una noche caminó hacia la casa de una vecina para pedirle un poco de harina, que como todo lo demás, estaba escasa. La vecina le dio un poco en una bolsa de papel. De camino a la casa, el jefe del comité vecinal la detuvo y exigió ver qué había en la bolsa. "Eso era típico", dijo. "Eso era lo peor".

Acabamos de limpiar el resto de las habichuelas en un silencio menos cómodo.

Casa Cuba

In every city in the world, people who share similar backgrounds gravitate toward one another. Chinatown. Spanish Harlem. Little Havana. They open restaurants where they serve hometown favorites, shops that cater to specific ethnic needs, and establish clubs where they can socialize and reminisce. San Juan is no exception. For some of the thousands of Cubans living there in exile, the common language and similar landscape are not quite enough. Years ago, a group of them got together and decided to open a social club where Cuban exiles in Puerto Rico could get together and talk about all things Cuban.

I went to Casa Cuba for the first time when I was thirteen years old. One of my friends from school was having a party there, and I was invited. I had heard about the place, but my parents weren't members. I had no idea how much it cost to join, but I knew my parents couldn't afford it. Lázaro García's parents could afford to throw him a party there. His dad was some kind of businessman. I wasn't thinking about any of this that day, though. I was looking forward to seeing all the cool things inside this place that some of my classmates were always talking about. Plus, I knew I would fit in since it was for people born in Cuba, like me.

I was so excited the night before I could barely sleep. My mom had taken me to JCPenney and bought me a new shirt. It was long-sleeved, and I was a little worried about the heat, but I looked so good in it that I just had to have it. My mom dropped me off at the front gate and I showed the uniformed guard my invitation. He told me to go over to the pool. Pool? Lázaro's mom was

Casa Cuba

En todas las ciudades del mundo las personas del mismo origen tienden a gravitar juntos. El Barrio Chino. Harlem español. La pequeña Habana. Abren restaurantes donde sirven los platos favoritos de su país natal, tiendas que satisfacen necesidades étnicas específicas, y establecen clubes donde pueden socializar y recordar el pasado. San Juan no es la excepción. Para algunos de los miles de cubanos que viven allí en el exilio, el idioma común y un paisaje similar no son suficientes. Hace años, un grupo de ellos se reunieron y abrieron un club social donde los exiliados cubanos en Puerto Rico pudieran reunirse y hablar sobre todo los temas cubanos.

Yo fui a Casa Cuba por primera vez cuando tenía trece años. Uno de mis amigos de la escuela estaba haciendo una fiesta allí y me invitaron. Había oído hablar del lugar, pero mis padres no eran miembros. No tenía idea de cuánto costaba la membrecía, pero sabía que mis padres no podían pagarlo. Los padres de Lázaro García podían permitirse el lujo de hacerle una fiesta allí. Su papá era dueño de algún tipo de negocio. Pero yo no estaba pensando en nada de esto ese día. Tenía muchas ganas de ver todas las cosas dentro de ese lugar porque algunos de mis compañeros de clase siempre estaban hablando de ello. Además, sabía que me sentiría a gusto ya que era para personas que nacieron en Cuba, como yo.

Estaba tan emocionado la noche antes que apenas pude dormir. Mi mamá me había llevado a JCPenney y me compró una camisa nueva. Era de manga larga y estaba un poco preocupado

nice enough. She offered to try and find me a bathing suit, but I told her I'd be fine. As my classmates splashed around, I walked around the club.

It was a lot smaller than I imagined. The whole thing was essentially one two-story building. On the bottom floor, there was a cafeteria offering everything from ropa vieja to croqueta preparada. There was also a small room that I couldn't see into, but I could hear salsa and merengue playing inside. Upstairs, the older men played dominoes and drank whiskey and Cuba Libres. The grounds consisted of a few umbrellas with chairs, a basketball court, and the pool of course. I wasn't sure what I was expecting, but it was much more than this.

After the pool activities were over, everyone would change, and the party would continue in the small room. Apparently, it was a disco. I was excited because now I would get to participate in the party. The room had a polished wooden floor, and a large crystal ball hanging from the ceiling. The lights were dimmed and the ball seemed to glow, reflecting silver specks all over the walls. I wasn't much of a dancer, but I could hold my own. When the music started, though, it was a tune I wasn't familiar with. All the other kids were. They all got up on the floor and moved in one large group, doing a kind of coordinated dance they'd obviously practiced many times before.

A few years later, when my parents were a little better off, they became members of Casa Cuba. My mom never quite understood why I never wanted to go there again.

por el calor, pero me quedaba tan bien que tenía que tenerla. Mi mamá me dejó en la puerta y le mostré al guardia uniformado mi invitación. Me dijo que fuera a la piscina. ¿Piscina? La mamá de Lázaro fue muy amable. Se ofreció a tratar de encontrarme un traje de baño, pero le dije que no se preocupara. Mientras mis compañeros de clase se divertían en la piscina, yo le di la vuelta al club. Era mucho más pequeño de lo que me imaginaba. Era esencialmente un edificio de dos pisos. En el primer piso había una cafetería sirviendo todo, desde ropa vieja hasta croqueta preparada. También había una sala pequeña de donde se oía salir salsa y merengue. Arriba en el segundo piso los hombres mayores jugaban dominó y bebían whisky y Cuba Libres. El área principal consistía de algunas sombrillas con sillas, una cancha de baloncesto, y la piscina por supuesto. No estaba seguro de lo que yo esperaba, pero era mucho más que esto.

Después de que terminaran las actividades de la piscina, todos se iban a cambiar de ropa y la fiesta continuaría en la pequeña sala. Aparentemente era una discoteca. Yo estaba emocionado, porque ahora podría participar en la fiesta. La sala tenía un piso de madera pulida y una gran bola de cristal colgando del techo. Las luces se atenuaron y la pelota pareció brillar, reflejando astillas plateadas en todas las paredes. Yo no era un gran bailarín, pero tampoco era un torpe. Pero cuando empezó la música era una canción que yo no sabía. Obviamente todos los demás niños sí, porque se movían todos juntos en un tipo de baile coordinado que claramente habían practicado muchas veces.

Unos años más tarde, cuando mis padres les iba un poco mejor económicamente, se hicieron miembros de la Casa Cuba. Mi mamá nunca entendió por qué yo nunca quise volver a ir.

Eduardo R. del Río

Blessed by Fear

Do I dare go into my parents' room?

No expensive jewelry or precious vases.
No wallet full of cash.
No ghosts or boogeyman.
No rats or roaches or spiders.
No used condoms or pornography.
No leather strap or large-buckled belt.
No empty beer cans.
No needles or blackened spoons.
No adoption papers.
No faded photographs of past mistresses.
No letters from abroad.
No journal full of truths.

Soothing and serene.

A statue of a man on crutches.
The sweet smell of tobacco.
Multi-colored candles.
A half-empty glass of water.
A large beautiful doll in a corner.
Fruit. Pungent herbs.

Soothing and serene.

Do I dare go into my parents' room?

Bendecido por temor

¿Me atrevo entrar al cuarto de mis padres?

No hay joyas caras ni jarrones valiosos.
No hay billeteras llenas de dinero.
No hay monstruos ni fantasmas.
No hay ratas, ni cucarachas, ni arañas.
No hay condones usados ni pornografía.
No hay cinturón de cuero con hebilla grande.
No hay latas de cerveza vacías.
No hay agujas ni cucharas ennegrecidas.
No hay documentos de adopción.
No hay fotografías descoloridas de amantes pasadas.
No hay cartas del extranjero.
No hay diarios llenos de verdades.

Tranquilo y sereno.

Una estatua de un hombre con muletas.
El dulce olor de tabaco.
Velas multicolores.
Un vaso de agua medio vacío.
Una muñeca grande y hermosa en una esquina.
Frutas. Hierbas punzantes.

Tranquilo y sereno.

¿Me atrevo a entrar al cuarto de mis padres?

Little League

In an effort to ease my transition into a new environment, my stepdad suggested I try out for Little League baseball. I wasn't a real athletic kid, but I wasn't a nerd either. I was well coordinated, and I felt I'd be able to play okay. What I was really looking forward to was the camaraderie I thought I'd share with some of the other kids. There seemed to be a close-knit group of kids; they all lived close to the school I went to and I wanted to be a part of that.

I remember going to practices. It was tremendous fun. We'd usually meet beforehand at one of the kids' homes and get dressed there. We'd joke around while putting on our long baseball socks and cleats. Protective cups would be thrown around the room, and the appropriate comments from twelve-year-olds regarding their size were plentiful. The sound of the kids guffawing. The smell of baking cookies coming from the kitchen. After everyone was ready, we'd all walk to the ballpark about three blocks away.

We had gotten to pick which position we wanted to play, and I had chosen second base. I thought it was best suited for my talents. I didn't have a strong arm, but I could move pretty quickly and was pretty good with the glove. The feel of the bag on my shoe when a throw came from home plate. The smell of the grass around the infield. The smooth feel of the ball as I gripped it. Later, the nervousness of standing in the batter's box. The certainty that the ball would strike my head right below the place where the helmet offered protection. The whoosh of wind as the ball whizzed by on its way into the catcher's mitt. The sound of the bat striking the ball and the thrill that came with the realization I was the one who had hit it.

Pequeñas ligas

Para ayudarme a acostumbrarme a un nuevo lugar, mi padrastro me sugirió que tratara de cualificar para un equipo de béisbol de las Pequeñas Ligas. No era un niño muy atlético, pero tampoco era un *nerd*. Era bastante coordinado y sentí que podía jugar bien. Lo que en verdad quería era la camaradería que pensé que compartiría con algunos de los otros niños. Parecía ser un grupo muy unido de muchachos; todos vivían cerca de nuestra escuela, y yo quería ser parte del grupo.

Recuerdo las prácticas. Fue tremendamente divertido. Usualmente antes nos reuníamos en una de las casas de algún muchacho y nos vestíamos allí. Bromeábamos mientras nos poníamos los calcetines y zapatos de béisbol. Se tiraban copas protectoras alrededor del cuarto, y los comentarios apropiados de niños de doce años sobre su tamaño eran abundantes. El sonido de los niños bromeando. El olor a galletas recién horneadas que salían de la cocina. Después de que todos estábamos listos, caminábamos como tres cuadras al parque de pelota.

Habíamos escogido qué posición queríamos jugar, y yo había escogido la segunda base. Pensé que era el más adecuado para mis talentos. No tenía un brazo fuerte, pero podía moverme bastante rápido y era bastante bueno con el guante. La sensación de la base en mi zapato cuando un tiro de la pelota vino del *home*. El olor de la hierba alrededor del jardín interior. La sensación de la pelota mientras la aguantaba en la mano. Despues, el nerviosismo de pararme en la caja del bateador. La certeza de que la pelota me iba a dar en la cabeza justo debajo del lugar donde el casco

Opening day. Several teams were scheduled to play that day, so there were kids with different color uniforms all over the park. Yankees in pinstripe. Cardinals in red. Mets in blue. Kids were everywhere, warming up, throwing and catching, doing jumping jacks, stretching. We were the Athletics. Green and yellow. We were scheduled to play against the Yankees. The coach talked to us before the game. We all huddled together in the dugout and shouted our team's name when he was done. I couldn't contain my excitement as I sat on the bench, waiting for the umpire to yell, "Play ball!" The feel of the wood bench. The smell of hot dogs from the stands. The wetness on my palms.

The Yankees were batting first. Their first batter hit the ball over our first baseman's head. Suddenly, I realized that the kid was trying for a double. I ran to the bag and waited for the throw from the right field. The yelling of the crowd. The feel of the glove in my hand as I opened and closed it in preparation. The dust on my face as the kid slid into me. The pain of his spikes on my calf. The umpire yelling, "You're out!" I had caught the throw, was positioned perfectly, and had tagged the kid on time. At the end of that inning, as I ran back into the dugout, everyone patted me on the back and high-fiving me. I could hardly wait until the end of the game when we'd probably go back to my friend's house and have some food and talk all about it.

I was batting eighth in our lineup, so I didn't get to bat until the fourth inning. Nothing much had happened between my catch and my turn at bat. The other team had scored two runs at one point, but we couldn't figure out their pitcher. He was probably one of the best-known players in the league. He was much taller than most of us, and there were rumors that he was fourteen instead of twelve. His fastball was overpowering, so much so that his nickname was "Sabala," which was a derivation of "Esa bala," or "That bullet." No one doubted that he would one day wind up

ofrecía protección. El silbido del viento mientras la pelota pasaba zumbando en su camino hacia el guante del receptor. El sonido del bate golpeando la pelota, y la emoción que vino con la comprensión de que yo era el que la había golpeado.

Día de apertura. Varios equipos estaban programados para jugar ese día, así que habían niños con uniformes de diferentes colores por todo el parque. Yankees en rayas. Cardenales en rojo. Mets en azul. Niños por todas partes, calentando, tirando y atrapando, haciendo saltos, estiramientos. Nosotros éramos Los Atléticos. Verde y amarillo. Estábamos programados para jugar contra los Yankees. El coach habló con nosotros antes del partido. Todos nos juntamos en el dugout y gritamos el nombre de nuestro equipo cuando él terminó de hablarnos. No podía contener mi emoción mientras me sentaba en el banco esperando que el árbitro gritara "play ball". La sensación del banco de madera. El olor a perros calientes de las gradas. La humedad en mis palmas.

Los Yankees estaban bateando primero. Su primer bateador le dio a la pelota sobre la cabeza de nuestro primera base. De repente me di cuenta de que el niño estaba tratando de conseguir un doblete. Corrí hacia la bolsa y esperé el tiro desde el jardín derecho. Los gritos de la multitud. La sensación del guante en mi mano mientras lo abría y cerraba en preparación. El polvo en mi cara mientras el niño se deslizaba hacia mí. El dolor de sus púas en mi pantorrilla. El árbitro gritando "¡Estás fuera!". Había agarrado la pelota, estaba posicionado perfectamente y había tocado al niño a tiempo. Al final de esa entrada, mientras corría de regreso al dugout, todos me daban palmadas en la espalda. No podía esperar hasta el final del juego cuando probablemente volveríamos a la casa de mi amigo a comer algo y hablar del juego.

Yo estaba bateando octavo en nuestra alineación, así que no pude batear hasta la cuarta entrada. No había pasado mucho entre mi jugada en segunda y mi turno al bate. El otro equipo había

in the bigs. Massive shoulders. The beginnings of facial hair. A sardonic look. We had actually scored a run right before I came to bat, and although there were two outs, we had two runners in scoring position. With a hit, we could go ahead and perhaps win since there was only one inning left after this one. The redness of my knuckles gripping the bat. The slight trembling in my knees. The encouraging words from my teammates. The bits of dirt covering the corners of the plate. The deafening roar in my ears.

I played for the team the entire season. I don't remember any of it after the umpire called the third strike that day.

anotado dos carreras, pero nosotros no habíamos podido descifrar a su pitcher. Probablemente era uno de los jugadores más conocidos de la liga. Era mucho más alto que la mayoría de nosotros, y había rumores que tenía catorce años en vez de doce. Su bola rápida era abrumadora, tanto que su apodo era "Sabala", que era una derivación de "Esa bala". Nadie dudaba de que algún día terminaría en las grandes ligas. Hombros masivos. Los inicios del vello facial. Una mirada sardónica. Habíamos anotado una carrera justo antes de que yo viniera a batear, y aunque había dos outs, teníamos dos corredores en posición para anotar. Con un hit podríamos irnos arriba y quizás ganar porque solo quedaba un inning después de este. El enrojecimiento de mis nudillos agarrando al bate. El ligero temblor en mis rodillas. Las palabras de aliento de mis compañeros de equipo. El poco de tierra que cubren las esquinas de la base. El rugido ensordecedor en mis oídos.

Jugué para el equipo toda la temporada. No recuerdo nada de lo que pasó el resto de ese tiempo después de que el árbitro llamó el tercer strike.

Treason

My cousin Rogelio and I spent a lot of time together when we were kids, even though we went to different schools. In fact, our schools were rivals and often competed against each other. That didn't really matter to us, of course. We were cousins. We understood that our first loyalty was to our shared kinship. However, it didn't mean that we would have been disloyal to our school. We could remain true to each other while still not betraying the ties we had with our schoolmates. These two distinct connections were not mutually exclusive. We could navigate both waters. He and I never talked about this; it was clearly an unspoken agreement.

The three major sports in Puerto Rico are baseball, volleyball, and basketball. There is no American football. Even though Puerto Ricans are U.S. citizens and the NFL is followed by many people there, football isn't really an organized sport in schools like it is in the U.S. While there are many Puerto Rican baseball players in the Major Leagues, basketball is the sport that most kids play on a daily basis on the school playground. Basketball is huge.

Our school would often play against my cousin's school. The entire student body of the home school would turn out for these events. And since the distance between schools was short, perhaps four or five miles, most of the students from the visiting team would also attend. It was also an opportunity to meet a girl from another school, or maybe find out about a dance the other school was holding soon. But we were also rivals. These were

Traición

Mi primo Rogelio y yo pasábamos mucho tiempo juntos cuando éramos niños, a pesar de que íbamos a diferentes escuelas. De hecho, eran escuelas rivales y a menudo competían entre sí. Eso realmente no nos importaba, por supuesto. Éramos primos. Entendimos que nuestra primera lealtad era a nuestro parentesco compartido. Sin embargo, eso no significaba que hubiéramos sido desleales a nuestra escuela. Podíamos permanecer fieles el uno al otro sin traicionar los lazos que teníamos con nuestros compañeros de escuela. Estas dos conexiones distintas no eran mutuamente excluyentes. Podíamos navegar por ambas aguas. Él y yo nunca hablamos de esto; era claramente un acuerdo tácito.

Los tres deportes principales en Puerto Rico son el béisbol, el voleibol y el baloncesto. No hay fútbol americano. A pesar de que los puertorriqueños son ciudadanos americanos y la NFL es seguida por muchas personas allí, el fútbol no es realmente un deporte organizado en las escuelas como lo es en Estados Unidos. A pesar de que hay muchos jugadores de béisbol puertorriqueños en las Grandes Ligas, el baloncesto es el deporte que la mayoría de los niños juegan a diario en el patio de recreo. El baloncesto es enorme.

Nuestra escuela a menudo jugaba con la escuela de mi primo. Todo el cuerpo estudiantil de la escuela donde tomaba lugar el partido iba a estos eventos. Y como la distancia entre las escuelas era corta, tal vez cuatro o cinco millas, la mayoría de los estudiantes del equipo visitante también iban. Era una oportunidad de conocer a una muchacha de otra escuela, o tal vez enterarse de un

close, heated contests where fights would often erupt. Someone would give a hard foul to someone else and, before you knew it, both teams were in the center of the court pummeling each other. Like I said, we were fierce rivals.

I was always at the games and sat with my classmates and friends cheering on my team. But because my cousin played for the opposition, I knew everyone on the visiting squad, including the coaches. I'd usually go over to their bench and say hello and chat with them at half time or before the game. I didn't think this was a big deal, and my friends never said anything about it. They knew my cousin, and it was only natural that I go over and talk to him.

One particular game, toward the end of the school year, I did what I always had done. Before the game started I went over and talked to my cousin. We shook hands, we talked, we joked around. No big deal. The game was intense. It was an especially important game because the winner would have an opportunity to go to the playoffs. For the losing team, the season would be over.

Halfway through the match, the game was tied. I had played for our team the year before, so I felt comfortable enough to go to our locker room during halftime to see what the strategy would be for the rest of the game. When I walked in, the coach was drawing up some plays on the board. When he saw me he acknowledged me, and then asked me what I wanted there. I said I just wanted to see what was going on. I was kind of surprised by his question. He knew me well. I had played on the team as a freshman, but had decided basketball wasn't for me. I wasn't kicked off the team or anything. He and I were on good terms.

"Please leave," he said. "We know you have many friends on the other team. We don't want you to give them our plays."

baile que la otra escuela estaba celebrando pronto. Pero también éramos rivales. Estos eran concursos reñidos donde a menudo surgía una pelea. Alguien le daba una falta dura a otro, y antes de que te dieras cuenta ambos equipos estaban en el centro de la cancha golpeándose. Como dije, éramos rivales feroces.

Yo siempre iba a los juegos y me sentaba con mis compañeros de clase y amigos animando a mi equipo. Como mi primo jugaba para el oponente, yo conocía a todos en el equipo visitante, incluyendo a los entrenadores. Por lo general, iba a su banco y saludaba a todo el mundo y hablaba con ellos en el medio tiempo o antes del juego. Nunca pensé que esto fuera un gran problema, y mis amigos nunca dijeron nada al respecto. Conocían a mi primo, y era natural que yo fuera y hablara con él.

Un juego en particular, hacia el final del año escolar, hice lo que siempre hacía. Antes de que empezara el juego fui a hablar con mi primo. Nos dimos la mano, hablamos, bromeamos. No era gran cosa. El partido fue intenso. Era importante porque el ganador tendría la oportunidad de ir al campeonato. Para el equipo perdedor la temporada se acabaría. A llegar a la mitad del juego el partido estaba empatado. Yo había jugado para nuestro equipo el año anterior, así que me sentí lo suficientemente cómodo como para ir a nuestro vestuario durante el medio tiempo para ver cuál sería la estrategia para el resto del juego. Cuando entré, el entrenador estaba explicando algunas jugadas en el tablero. Cuando me vio me reconoció, y preguntó qué quería allí. Dije que solo quería ver qué estaba pasando. Me sorprendió un poco su pregunta. Me conocía bien. Había jugado como estudiante de primer año, pero había decidido que baloncesto no era para mí. No me habían botado del equipo ni nada. Él y yo estábamos en buenos términos.

"Salte por favor", me dijo. "Sabemos que tienes muchos ami-

I wasn't really angry as I walked out of the locker room that day. I wasn't even hurt. What I do remember thinking was, "Funny he said *we*."

gos en el otro equipo. Nosotros no queremos que les des nuestras jugadas".

No estaba realmente enojado cuando salí del vestuario ese día. Ni siquiera estaba herido. Lo que recuerdo haber pensado es, "Que curioso que dijo *nosotros*".

Mango Slide

God's brushstroke falls on Ponce one day,
and the hillside is covered
in yellow and orange hues.
Our Levi's splattered with pulp,
we hurdle headfirst into laughter.

At the summit once more,
fatigue vanishes.
Our bodies prone,
we glide downward with our eyes half-closed
and our hearts pounding.

Today we are not "step" brothers
vying for a father's love.
Just kids sharing a moment in the sun.

The only blood that concerns us is our own.

Chorrera de Mango

Un día la pincelada de Dios cae sobre Ponce,
y la colina está cubierta
en tonos amarillos y naranjas.
Nuestro Levi's salpicados de pulpa,
nos tiramos de cabeza hacia la risa.

En la cumbre una vez más
la fatiga se desvanece.
Nuestros cuerpos boca abajo,
nos deslizamos con los ojos medio cerrados
y los corazones latiendo con fervor.

Hoy no somos medio hermanos
compitiendo por el amor de un padre.
Solo niños compartiendo un momento bajo el sol.

La única sangre que nos concierne es la nuestra.

Sister Mary Ruth

I went to a Catholic school in Puerto Rico. Perpetuo Socorro. Our Lady of Perpetual Sorrows. By the time I was in high school most of the faculty were not nuns like they were when I was in elementary and middle school. The principal, though, was. Sister Mary Ruth. When I think of her now, I realize she was a good-hearted woman, but back then she seemed tough and cold-hearted. That's why it was particularly disturbing to be called in to her office one day when I was about fifteen. Some of us were smoking cigarettes in the boy's bathroom, and one of the teachers walked in and caught us. I was hoping that the fact I wasn't the only one who got caught that day would somehow lessen the punishment. I was given a note by my teacher requesting that my parents come with me the following week.

My stepdad couldn't come because he was working, so just my mom showed up. I hadn't really explained to her what the reason was, I had just made a vague reference to my declining math grade. We sat outside of the principal's office waiting to be called in, and I wondered why the other kids and their parents weren't there too. I figured they had already been there and left, but when I went back to class that day I found out I was the only one in the group whose parents had been summoned. At the time I was sure it had to do something with the fact that my parents didn't give big donations to the school like theirs did. Once we went into the principal's office, the Sister was explaining to my mom what I had done. She was speaking in English, which my mom didn't understand that well, but she got the gist of it. What I remember most

Sor Mary Ruth

Yo fui a una escuela católica en Puerto Rico. Nuestra Señora de los Dolores Perpetuos. Cuando ya había llegado a la escuela secundaria, la mayoría de los profesores no eran monjas como cuando estaba en la escuela primaria. La directora, sin embargo, sí lo era. Sor Mary Ruth. Cuando pienso en ella hoy en día me doy cuenta que era una mujer de buen corazón, pero en aquel entonces me parecía fría y demasiado firme. Por eso fue particularmente inquietante que me llamaran a su oficina un día cuando tenía como quince años. Algunos de nosotros estábamos fumando cigarrillos en el baño, y uno de los maestros entró y nos cogió. Yo pensaba que por lo menos el hecho de que no fuera el único que cogieron ese día disminuiría mi castigo. Mi maestra me dio una nota pidiendo que mis padres vinieran conmigo a la oficina la semana siguiente.

Mi padrastro no podía ir porque estaba trabajando, así que solo fue mi mamá. Yo no le había explicado bien cuál era la razón. Solo hice una leve referencia a mis notas de matemáticas que habían bajado últimamente. Nos sentamos afuera de la oficina de la directora esperando que nos llamaran, y me pregunté por qué los otros niños y sus padres no estaban allí también. Pensé que a lo mejor ya estuvieron y se habían ido, pero cuando volví a la clase ese día descubrí que yo era el único en el grupo cuyos padres habían sido llamados. En ese momento estaba seguro de que tenía que ver con el hecho de que mis padres no daban grandes donaciones a la escuela, como lo hacían los suyos. Una vez que entramos a la oficina de la directora, ella le explicó a mi mamá lo

about that meeting was the principal hinting to my mom that she thought I was doing other things as well, although she had no evidence. She was right. I had been smoking pot regularly for about a year by then. I don't remember exactly what the principal told my mother, but I remember being relieved that my mom didn't get the suggestion.

Later that day at home I complained to my mom that it didn't seem fair that the other kids hadn't gotten into as much trouble. "I'm sure it was because we just don't have money like they do. Also, those other kids aren't Cuban, you know. They're all from here." My mom didn't buy any of it, and she beat me with a broom handle for smoking in school. I stood there and took it. It didn't really hurt that much. I mean, I was fifteen. It wasn't a big deal, but to this day I've always regretted that my mom didn't speak better English.

que yo había hecho. Ella estaba hablando en inglés, y mi mamá no entendió todo bien, pero sí lo suficiente para captar la esencia de lo que había pasado. Lo que más recuerdo de esa reunión fue que la directora le insinuó a mi mamá que pensaba que yo estaba haciendo otras cosas también, aunque no tenía prueba. Tenía razón. Yo ya había estado fumando marihuana regularmente aproximadamente un año. No recuerdo exactamente lo que la ella le dijo a mi mamá, pero me acuerdo sentirme aliviado que mi mamá no captó la sugerencia.

Más tarde ese día en la casa me quejé con mi mamá que no parecía justo que los otros niños no se hubieran metido en tantos problemas. "Estoy seguro de que fue porque no tenemos dinero como ellos. Además, esos otros niños no son cubanos. Todos son de aquí". Mi mamá no se lo creyó y me pegó con un mango de escoba por fumar en la escuela. Me quedé quieto y recibí los golpes. En verdad no dolió tanto. Ya tenía quince años. No fue gran cosa, pero hasta este día siempre he pensado que tal vez hubiese sido mejor si mi mamá hubiera entendido mejor el inglés.

Patron Saint Festivals

Every town in Puerto Rico has a celebration once a year called a Patron Saint Festivals. It's like a week-long carnival with music, delicious food, and rides for kids. Like all carnivals, there are also games of chance. One of the most popular ones is the racehorses. It's a circular track with many wooden horses with numbers on them. The operator cranks a metal handle, and the horses speed around the track faster and faster. The horse coming closest to the finish line without going over it wins. What makes the game more interesting, and also somewhat dangerous, is the wagering that takes place. On the tables in front of the track there are a series of felt pads with numbers on them, each corresponding to one of the horses. People, mostly men smoking cigarettes and drinking beer, place their cash on one or more numbers at a time. Every year, I'd stop by for a few seconds and watch the goings-on. I never stayed too long, and certainly never bet anything. I didn't really have much money, but mostly it was because my stepdad had warned me to stay away from the place.

When I was sixteen, though, I figured I was old enough to risk the money I had made delivering papers. It was my money, and I had worked hard for it. So, one night I walked over to the fiesta and headed directly to the horse-racing table. As usual, there were many older men there, all gesturing loudly and holding fistfuls of dollars. A cloud of smoke hung in the air. I elbowed my way to one of the tables and was immediately hypnotized by the horses' steady circular movement. Around and around they went. After what seemed like hours, but must have been seconds,

Fiestas Patronales

Cada pueblo en Puerto Rico tiene una celebración una vez al año llamada Fiesta Patronal. Es como un carnaval que dura aproximadamente una semana, con música, comida deliciosa y atracciones para los niños. Como todos los carnavales, también hay juegos de azar. Uno de los más populares son los caballos de carreras. Es una pista circular con muchos caballos de madera con números en ellos. El operador le da vuelta a una palanca de metal, y los caballos aceleran alrededor de la pista. El caballo que se acerca más a la línea final sin pasarla gana. Lo que hace que el juego sea más interesante, y también algo peligroso, son las apuestas que se llevan a cabo. En las mesas frente a la pista hay una serie de almohadillas de fieltro con números, cada una correspondiente a uno de los caballos. La mayoría de los jugadores son hombres fumando cigarrillos y bebiendo cerveza. Todos los años yo pasaba por ahí a ver lo que estaba pasando. Nunca me quedé demasiado tiempo, y nunca aposté nada. Yo no tenía mucho dinero, pero más que nada era porque mi padrastro me había advertido que me mantuviera alejado del lugar.

Cuando tenía dieciséis años, pensé que tenía la edad suficiente para arriesgar el dinero que había ganado repartiendo periódicos. Era mi dinero, y había trabajado duro para ganármelo. Una noche me acerqué a la fiesta y me dirigí directamente a la mesa de carreras de caballos. Como de costumbre, habían muchos hombres mayores allí, todos gesticulando en voz alta y con puñados de dólares en sus manos. Una nube de humo colgaba en el aire. Me dirigí a codazos a una de las mesas e inmediatamente quedé

I heard someone say, "Are you going to play?" I looked at the man next to me who had spoken. He had grey hair, a big round belly, and two gold teeth. He smelled like a brewery. Sure. Sure I was going to play. I put two dollars on the table without even thinking about which number I chose. My hand shook. There went the horses. "You won!" What? I had won? The operator put two dollars on top of mine. I couldn't believe it. This was easy!

After that I won again. And again. I couldn't lose. The original two dollars had turned into twenty! I was so excited I bought myself a beer, bummed a cigarette from gold-tooth, and was ready to keep playing. When I stuck my hand in my pocket to get my money, I came up empty. Not only were the twenty dollars gone, but an additional thirty I had earned delivering papers. "What is wrong?" asked gold-tooth. "I can't find my money," I said. "What a shame," he answered. I lost all my money and all he could say is "What a shame" with those teeth glittering?! Was he smiling? I looked everywhere for my money but knew I wouldn't find it. It also hit me that I couldn't confront gold-tooth without getting beat up, or worse. I barely made it to the nearest trash can where I threw up the black beans my mother had made for dinner. As I stood over the soiled trash can wondering what I would say at home about my money, I saw my stepdad on the other side of the game stand. He seemed to be looking right at me. He didn't come over, though, and after a few seconds, I left and walked home.

The next day I was waiting for a scolding. I figured I'd get at least a long talking to for sure. The day went by without a word, though. At dinner, my stepdad seemed normal and didn't say anything to me about the night before. Not one word. Maybe he hadn't seen me after all.

hipnotizado por el movimiento circular constante de los caballos. Daban vueltas y vueltas. Después de lo que parecían horas, pero deben haber sido segundos, escuché a alguien decir "¿Vas a jugar?" Miré al hombre a mi lado que había hablado. Tenía el pelo gris, tremenda barriga, y dos dientes de oro. Olía a una cervecería. Claro. Claro que iba a jugar. Puse dos dólares sobre la mesa sin siquiera pensar en qué número elegí. Me tembló la mano. Ahí iban los caballos. "¡Oye, ganastes!" ¿Qué? ¿Había ganado? El operador puso dos dólares encima de los míos. No lo podía creer. ¡Que fácil! Después de eso volví a ganar. Y otra vez. No podía perder. ¡Los dos dólares originales se habían convertido en veinte! Estaba tan emocionado que me compré una cerveza, le pedí un cigarrillo al dientes de oro, y estaba listo para seguir jugando.

Cuando metí la mano en el bolsillo para coger mi dinero, estaba vacío. No solo no tenía los veinte dólares, también los treinta adicionales que me había ganado repartiendo periódicos. "¿Qué pasa?", preguntó dientes de oro. "¡No encuentro mi dinero!" "Que lástima", me contestó. Perdí todo mi dinero y todo lo que podía decir era "Qué lástima" con esos dientes brillando. ¿Se estaba sonriendo? Busqué mi dinero en todas partes, pero sabía que no lo encontraría. También sabía que no podía enfrentarme a dientes de oro sin recibir una paliza, o peor. Apenas pude llegar al bote de basura más cercano donde vomité los frijoles negros que mi mamá había hecho esa noche. Mientras estaba parado a lado del bote de basura pensando qué iba a decir en mi casa sobre mi dinero, vi a mi padrastro al otro lado del juego. Parecía estar mirándome directamente. Sin embargo, no se me acercó, y después de unos segundos me fui para la casa.

Al día siguiente estaba esperando la regañada. Pensé que tendría al menos una larga conversación. Sin embargo, el día pasó sin decirme una palabra. En la cena, mi padrastro parecía normal y no me dijo nada de la noche anterior. Ni una palabra. Tal vez no me había visto después de todo.

Uncle Kiko

My mother's older brother's name was Rodolfo, but as far as I know everyone always called him Kiko. I'm not sure how he got that nickname. When you're a kid you don't really think to ask those things. He was a tall man. Probably around 6'4" with thick wavy black hair and a sober look. When he walked into a room, he commanded attention.

Kiko was one of those guys people refer to as "a character." You never knew if he was serious or just pulling your leg. One day he'd describe his recent flight to Miami and casually mention that the turbulence was so bad the flight attendant actually flew up to the top of the cabin, and the next day with the same expression he would lecture us on the many different ways to prepare batata. He claimed that he only knew three phrases in English: "take it easy," "take your time," "today is wonderful day." When he said it, though, it was ofe with an exaggerated accent: *"tayke it eecy, tayke yur tine, toodaye ees wonedrful daye."* He said those three phrases were all he needed to know because they covered any occasion. Every time he said that we'd both laugh. To this day I don't know if he knew any other English words, but I can't remember him ever using any.

I don't know how it had gone for him during the years that he lived in Miami after leaving Cuba, but once he arrived in Puerto Rico, my uncle seemed to flourish. There were two things that allowed him to adapt: the language, and the movement and excitement of the streets of San Juan, just like Havana.

Like the rest of my mother's side of the family, Kiko had been

Tío Kiko

El hermano mayor de mi mamá se llamaba Rodolfo, pero que yo sepa todo el mundo siempre lo llamaba Kiko. No estoy seguro cómo obtuvo ese apodo. Cuando eres un niño, realmente no piensas en preguntar esas cosas. Era un hombre alto. Probablemente alrededor de 6'4" con pelo negro ondulado grueso y un aspecto serio. Cuando entraba a cualquier lugar llamaba la atención. Kiko era uno de esos tipos a los que la gente se refiere como "un personaje". Nunca sabías si hablaba en serio o estaba bromeando. Un día mientras describía su reciente vuelo a Miami mencionaba casualmente que la turbulencia era tan grave que la azafata voló hasta el techo de la cabina, y al día siguiente con la misma expresión nos daba una lección sobre las muchas formas diferentes de preparar batata. Le gustaba decir que solo sabía tres frases en inglés: *"take it easy" "take your time" "today is wonderful day."* Pero cuando lo decía frecuentemente era con un acento exagerado: *"tayke it eecy, tayke yur tine, toodaye ees wonedrful daye".* Decía que esas tres frases eran todo lo que le hacía falta saber porque cubrían cualquier ocasión. Cada vez que decía las frases los dos nos reíamos. Hasta el día de hoy no estoy seguro si sabía alguna otra palabra en inglés, pero no puedo recordar que haya usado ninguna.

No sé cómo le había ido durante los años que vivió en Miami después de salir de Cuba, pero una vez llegado a Puerto Rico mi tío pareció florecer. Habían dos cosas que le permitieron adaptarse: el idioma, y el ajetreo y el bullicio de las calles de San Juan, que eran muy parecidas a las de La Habana. Al igual que el resto de la familia de mi mamá, Kiko había sido periodista en Cuba.

a journalist in Cuba. In Puerto Rico he was working for a local version of TV Guide. I didn't really know what he did there, but he seemed to enjoy it, and was usually in good spirits. In fact, I can't remember a single time when Kiko was angry or upset. I'm sure there must have been those days, but I never saw them. The office where he worked was in the heart of Santurce, a place that was always busy with pedestrians, shoppers, businesspeople coming and going. Always a flurry of activity. Kiko seemed to thrive in it. He knew all the locals and had a great rapport with them. Once in a while, when I was old enough to visit on my own, I'd take a bus to his office, hang around, and get treated to lunch. Nothing fancy; usually some kind of outdoor diner where we'd sit on a stool and order homemade arroz con habichuelas or whatever happened to be the day's special. Kiko would tell a story and chat with the owner and several of the customers. Maybe tell a joke. Everyone liked him.

After he retired, Kiko and his wife moved back to Miami to be close to their kids. I visited him a few years ago. He was living in a condo in Kendall. It was a quiet neighborhood with mostly retired people. We talked for a while. Kiko seemed in good spirits, but I was a bit disappointed that he didn't tell any stories or jokes. Before I left he looked up from his Spanish language newspapers and said, *"tayke it eecy, tayke yur tine, toodaye ees wonderul daye."* Neither one of us laughed.

En Puerto Rico estaba trabajando para una versión local de TV Guide. Yo en verdad no sabía lo que él hacía ahí, pero parecía disfrutarlo y por lo general siempre estaba de buen humor. De hecho, no recuerdo una sola vez que Kiko estuviera enojado. Estoy seguro de que deben haber habido esos días, pero yo nunca los vi. La oficina donde trabajaba estaba en el corazón de Santurce, un lugar que siempre estaba lleno de peatones y gente de negocios que iban y venían; siempre una ráfaga de actividad. Kiko parecía prosperar en ella. Conocía a todo el mundo y tenía una gran relación con todos. De vez en cuando, cuando yo era un poco mayor para poder ir solo, cogía la guagua a su oficina a pasar el rato, y a menudo me invitaba a almorzar. Nada lujoso; por lo general algún tipo de restaurante al aire libre donde pedíamos arroz con habichuelas o lo que fuera el especial del día. Kiko hacía un cuento y hablaba con el dueño y los clientes. Tal vez hacía un chiste. A todo el mundo le caía bien.

Después de retirarse, Kiko y su esposa volvieron a Miami para estar cerca de sus hijos. Lo visité hace unos años. Vivía en un condominio en Kendall. Era un barrio tranquilo con la mayoría de gente jubilada. Hablamos un rato. Kiko parecía de buen humor, pero me decepcionó un poco que no hiciera un cuento o un chiste. Antes de irme levantó los ojos de sus periódicos en español y dijo, *"tayke it eecy tayke yur tine, toodaye ees wonderul daye"*. Ninguno de los dos nos reímos.

Cockfighting

Sunday morning
We left before dawn,
My stepdad and me.
Our prize rooster in its cage
Announcing to the world
He was destined for greatness.
As were we,
My stepdad and me.
When it was his time to fight
We sat together
Silently praying for victory,
My stepdad and me.
Flying talons and rumpled feathers
Moving in feverish slow motion,
We watched our hopes
Dissolve and reappear,
My stepdad and me.
With the fateful flicker
Of a blood-soaked beak,
Our champion lay still.
He never knew
His sacrifice would save us both.
My stepdad and me.

Peleas de gallos

Domingo bien temprano
Salimos antes del amanecer,
Mi padrastro y yo.
Nuestro gallo premiado en su jaula
Anunciando al mundo
Que estaba destinado a la grandeza.
Como lo éramos nosotros,
Mi padrastro y yo.
Cuando era su turno de pelear
Nos sentamos juntos
Orando en silencio por la victoria,
Mi padrastro y yo.
Garras volando y plumas descompuestas
moviéndose en cámara lenta y febril,
Observamos nuestras esperanzas
Disolver y reaparecer,
Mi padrastro y yo.
Con el fatídico parpadeo
De un pico empapado de sangre,
Nuestro campeón ya no se movió.
Nunca supo
Que su sacrificio nos salvaría a los dos.
Mi padrastro y yo.

Smack on the Head

When I turned sixteen my cousin Ignacio gave me a BB gun for my birthday. It was called a BB gun, but it was really a rifle that shot metal pellets. It was a *Daisy*, I think. It had a wooden stock and a long metal barrel. It came with a box full of pellets, which you'd load by opening the barrel and inserting several of them. Then you'd pump the handle several times to give it the force it needed to expel the pellets when you fired. There isn't a hunter gun culture in Puerto Rico like there is in the States. There's nothing to hunt, really, so I'd never seen any kind of firearm in my life. I'd never had an interest in shooting an animal anyway. Still, it was a cool gift, and I figured I'd use it to shoot cans and stuff in the backyard or in the small park next to our house.

My stepdad didn't really like the idea of my shooting anything, even cans. He didn't say that, but I could tell by the way he looked at me every time I'd grab the BB gun and go outside. My mother had remarried when I was only seven years old, and while he was technically my stepdad, he was the only father I'd known. He'd grown up dirt poor in a small village in the mountains outside of Ponce. They'd eat whatever the land provided, and as a result he had developed a deep respect for the natural world. I guess he didn't see the contradiction between that respect and the fighting cocks he raised. Or maybe they were both simply part of his cultural heritage. At any rate, at eighteen he had moved to New York City and enlisted in the Navy shortly thereafter, serving on the aircraft carrier Hornet during the Korean War. He had little formal education, but an abundance of what people call "street smarts."

Cocotazo

Cuando cumplí dieciséis años, mi primo Ignacio me regaló un rifle de balines para mi cumpleaños. Se llamaba un rifle de balines, pero en realidad era un rifle que disparaba perdigones de metal. Creo que la marca era *Daisy*. Tenía una culata de madera y un cilindro largo de metal. Venía con una caja llena de pellets, que cargabas abriendo el barril y metiendo unos adentro. Después bombeabas el mango varias veces para darle la fuerza que necesitaba para expulsar los perdigones cuando disparabas. No hay una cultura de cazadores en Puerto Rico como la hay en los Estados Unidos. En realidad no hay nada que cazar, así que nunca había visto ningún tipo de arma de fuego en mi vida. Y además nunca había tenido interés en dispararle a un animal. Aun así, era un regalo nítido, y pensé que lo usaría para dispararle a latas y cosas en el patio de atrás, o en el pequeño parque al lado de la casa.

A mi padrastro no le gustaba mucho la idea de que le disparara a nada, ni siquiera latas. No me dijo eso, pero me di cuenta por la forma en que me miraba cada vez que agarraba el rifle de balines en camino a fuera de la casa. Mi mamá se había vuelto a casar cuando yo tenía solo siete años, y aunque técnicamente era mi padrastro, era el único padre que había conocido. Él había crecido bien pobre, en un pequeño pueblo en las montañas a las afueras de Ponce. Comían lo que daba la tierra, y como resultado había desarrollado un profundo respeto a la naturaleza. Parece que no veía la contradicción entre ese respeto y los gallos de pelea que criaba. O tal vez ambos eran simplemente parte de su herencia cultural. En cualquier caso, a los dieciocho años se había mudado

He was a man of few words, at least for me, but I had learned to love and respect him as the years went by. Like any son, I often sought his approval, and so the fact that he didn't seem to like my owning a gun, even a pellet one, weighed on me a bit.

Despite that, every day after school I'd set up some cans and an occasional bottle outside and practice. It was a lot of fun, but after a couple of weeks it grew tiresome. I was just about to go back inside one afternoon and put away the gun for good, when I heard a cackling sound from the trees on the other side of the chain link fence that bordered our house. The small park adjacent to our house was mostly concrete, but there were two or three large trees where grackles and other assorted birds congregated every night. With a rush of excitement, I slid the gun's barrel through one of the fence's openings and shot at one of the roosting grackles. I was a terrible shot, and I didn't even come close to disturbing the bird. I tried again with the same result, and decided I'd practice a bit more with cans before trying again.

I couldn't wait to fire the gun when I got home from school the next day. I could just practice on the birds, I thought. The hell with the cans. I'm not sure why the idea of shooting a bird was so appealing. Maybe it was the rush of power I thought I'd get. Maybe shooting something that could move away quickly, instead of simple stationary cans was exciting. Maybe I was just an immature sixteen-year-old boy. Probably all three. I slid the barrel through the fence once again and took careful aim at a particularly large grackle in the closest tree. Just as I was about to fire, I felt a sharp pain on my skull. I was so entranced by my quest I hadn't heard my stepdad walk up behind me. He had given me a knuckle to the top of the head, what we call a *cocotazo*. I guess the word derives from coco, or coconut. Not that I was thinking of word origins at the time. I was more concerned with the sharp pain I felt. The smack wasn't even hard enough to leave a bump on my skull,

a Nueva York, y enlistado en la marina poco después, sirviendo en el portaaviones Hornet durante la Guerra de Corea. Tenía poca educación formal, pero una abundancia de ser lo que la gente llama "espabilado". Era un hombre de pocas palabras, al menos para mí, pero con el paso de los años yo había aprendido a amarlo y respetarlo. Como cualquier hijo, a menudo buscaba su aprobación, por eso el hecho de que no pareciera gustarle que yo tuviera un arma, ni siquiera de perdigones, me pesaba un poco.

A pesar de eso, todos los días después de la escuela colocaba afuera algunas latas y una botella ocasional y practicaba. Era muy divertido, pero después de un par de semanas ya se volvió agotador. Estaba a punto de volver a entrar una tarde y guardar el arma para siempre, cuando escuché un cacareo de los árboles al otro lado de nuestra cerca de alambre que bordeaba nuestra casa. La mayoría del pequeño parque al lado de la casa era de concreto, pero habían dos o tres árboles grandes donde pájaros se congregaban todas las noches. Emocionado, deslicé el cañón del rifle a través de una de las aberturas de la cerca y le disparé a uno de los pájaros. Era un tiro terrible, y ni siquiera me acerqué a molestar al pájaro. Lo traté otra vez con el mismo resultado, y decidí que practicaría un poco más con latas antes de volver a intentarlo.

No podía esperar para disparar el rifle otra vez cuando llegara a casa de la escuela al día siguiente. Podría practicar con los pájaros, pensé. Al infierno con las latas. No estoy seguro porque la idea de dispararle a un pájaro era tan atractiva. Tal vez pensaba en el poder que sentiría. Tal vez dispararle a algo que pudiera moverse rápidamente, en vez de simples latas estacionarias era emocionante. Tal vez yo era solo un niño inmaduro de dieciséis años. Probablemente las tres cosas. Metí el barril por una de las apertura en la cerca una vez más y le apunté cuidadosamente a un pájaro bien grande en el árbol más cercano. Justo cuando estaba a punto de disparar, sentí un dolor agudo en la cabeza. Estaba

but it was sharp enough to make me drop the rifle, yell out, and turn around suddenly. My stepdad just stood there without saying a word. When he walked away, I muttered all kinds of horrible things under my breath.

That was the only time my stepdad ever laid a hand on me. Most of my life growing up we shared a comfortable but somewhat distant relationship. He was a good provider and a good man, but he never sat me down and tried to teach me about life. That wasn't his way. Despite that, or perhaps because of it, I learned a lot about life from him. Today, when I occasionally see an image of a hunter proudly displaying his kill, I involuntarily rub the top of my head. Then, I smile.

tan fascinado con lo que estaba haciendo que no había oído a mi padrastro caminar por detrás de mí. Me había dado un nudillo en la parte superior de la cabeza, lo que llamamos un *cocotazo*. Me imagino que la palabra viene de coco de agua. Claro, no estaba pensando en los orígenes de las palabras en ese momento. Estaba más preocupado por el dolor agudo que sentía. El cocotazo ni siquiera fue lo suficientemente duro como para dejar un chichón en mi cráneo, pero fue lo suficientemente fuerte como para hacerme soltar el rifle, gritar, y virarme de repente. Mi padrastro se quedó parado ahí sin decir una palabra. Cuando se fue, murmuré todo tipo de cosas horribles en boca baja.

Esa fue la única vez que mi padrastro me puso una mano encima. La mayor parte de mi vida tuvimos una relación cómoda pero algo distante. Era un buen proveedor y buen hombre, pero nunca me sentó y trató de enseñarme sobre la vida. Esa no era su manera de ser. A pesar de eso, o tal vez debido a eso, aprendí mucho de él sobre la vida. Hoy en día, cuando de vez en cuando veo una imagen de un cazador mostrando con orgullo el animal que ha matado, involuntariamente me froto la cabeza, y me sonrío.

San Juan Nights

Originally named San Juan Bautista by Christopher Columbus, Puerto Ricans commemorate the date by heading out to the island's beaches on June 23rd, the eve of the Saint's Feast Day. The belief is that by getting into the water backwards three times at the stroke of midnight, a person will have good luck the rest of the year. Thousands of people arrive at dusk with picnic baskets and coolers full of beer and sodas for the kids. Bonfires are lit every few feet and the celebration lasts well into the early morning hours.

When I was younger, I would go with my parents and their friends to this annual event. When I became a teenager, however, I of course preferred to go to this yearly party with my friends. The last time I went to the celebration was the summer right before I left the island to go to college. I had been looking forward to what I imagined would be the last big bash that year. That's really all the tradition had become for me, one giant excuse to drink beer and wake up the next day sprawled on a lawn chair full of sand and probably with a massive headache. If I was lucky, I might spend the night under a blanket with a girl whose name I couldn't remember.

I was a bit disappointed, therefore, that my friends wanted to hang out at the beach in the back of Casa Cuba. As far as I knew, that's where all the older people, my parents included, usually chose to spend the night. I hadn't been back to that place ever since that birthday party years before and didn't really want to go now. I wasn't sure why some of my friends wanted to go over

Fiestas de San Juan

Originalmente llamada San Juan Bautista por Cristóbal Colón, los puertorriqueños celebran la fecha yendo a las playas de la isla en la víspera del día del santo, el 23 de junio. La creencia es que al meterse en el agua tres veces de espaldas a la medianoche, una persona tendrá buena suerte el resto del año. Miles de personas llegan al anochecer con canastas llenas de comida y hieleras llenas de cerveza, y refrescos para los niños. Se prenden fogatas por toda la playa, y la fiesta dura hasta la madrugada.

Cuando yo era más joven iba con mis padres y sus amigos a este evento anual. Pero cuando me convertí en adolescente prefería ir con mis amigos. La última vez que fui fue el verano antes de irme para la universidad. Había estado esperando lo que imaginé que sería la última gran fiesta de ese año. En verdad era todo en lo que la tradición se había convertido para mí, una excusa gigante para beber cerveza y despertarme al otro día en una silla, cubierto en arena y probablemente con un tremendo dolor de cabeza. Con suerte me podría empatar con una muchacha y pasar la noche con ella debajo de una colcha.

Por eso me decepcionó un poco que mis amigos quisieran pasar el rato en la playa atrás de la Casa Cuba. Ahí es donde iban a estar los viejos, incluyendo a mis padres. Yo no había vuelto a ese lugar desde aquella fiesta de cumpleaños años atrás, y realmente no quería ir ahora. No estaba seguro por qué algunos de mis amigos querían ir allí, un par de ellos habían nacido en Puerto Rico, y que yo supiera ni siquiera pertenecían al club. Pero tampoco quería pasar la noche solo, así que fui con ellos. Nos tardamos

there, a couple of them had been born in Puerto Rico and, as far as I knew, didn't even belong to the club. I didn't want to hang out alone though, so I went along. It was a bit of a walk along the beach to get there, and by the time I arrived, I was thinking maybe I should've stayed behind after all. I had grown up an only child, and I was used to not needing other people to entertain myself. I was sure with enough beers I could have found a party somewhere along the shore. When we finally arrived, it was almost midnight and I was upset we hadn't been able to drink and have a good time the way I had been expecting. This was my last time celebrating this event after all, and it seemed it was destined to be a forgettable one.

Sure enough, most of the people there were much older than us. I didn't see my parents, but I was pretty sure they were among the throngs of Bermuda shorts and flowery ladies' swimsuits that were now making their way to the shore from the beach entrance of the club. My friends and I sat on the sand a short distance away and watched as the crowd turned their backs to the ocean once they reached the water's edge. Slowly, they stepped backward into the water until they were able to lean back and fully submerge their heads in the warm Atlantic Sea. Each of them repeated the process twice more, with deliberation and in utter silence. It was almost hypnotic. This ritual was more than a night of revelry for these Cuban immigrants who had made this island their home; it was an acknowledgement and homage to the place that had accepted each of them as one of its own. As I sat there mesmerized at this almost surreal event, I felt my companions, both Puerto Rican and Cuban get up and walk quietly toward the shore. I was right behind them.

un buen rato caminando por la playa, y para cuando estábamos llegando estaba pensando que tal vez debería haberme quedado atrás después de todo. Yo era hijo único, y estaba acostumbrado a no necesitar a otras personas para entretenerme. Estaba seguro de que con suficientes cervezas podría haber encontrado una fiesta en algún lugar a lo largo de la orilla. Cuando finalmente llegamos era casi medianoche, y estaba molesto porque no habíamos podido beber y pasar un buen rato de la manera que había estado esperando. Esta sería la última vez que iba a celebrar este evento, y me parecía que estaba destinado a ser una noche olvidable.

Efectivamente, la mayoría de las personas allí eran mucho mayores que nosotros. No vi a mis padres, pero estaba bastante seguro de que estaban entre la multitud de pantalones bermuda, y trajes de baño floreados que iban de camino a la orilla desde la entrada de la playa al club. Mis amigos y yo nos sentamos en la arena a poca distancia y vimos cómo la gente le daba la espalda al mar una vez que llegaban a la orilla del agua. Lentamente caminaban de espaldas hasta que podían inclinarse hacia atrás y sumergir las cabezas completamente en el cálido Mar Atlántico. Cada uno de ellos repitió el proceso dos veces más, con deliberación y en absoluto silencio. Era casi hipnótico. Este ritual fue más que una noche de fiesta para estos inmigrantes cubanos que habían hecho de esta isla su hogar, era un reconocimiento y homenaje al lugar que los había aceptado a cada uno de ellos. Mientras me sentaba allí hipnotizado por este evento casi surrealista, sentí que mis compañeros, tanto puertorriqueños como cubanos, se levantaron y caminaron tranquilamente hacia la orilla. Yo los seguí.

CubaRican

I left Puerto Rico to go to college in the United States when I was seventeen years old. I had mixed feelings about leaving. I was excited about being on my own and meeting new people. I looked forward to learning new things and trying to figure out what I wanted to do with the rest of my life. But as I looked out the plane's window at the rapidly vanishing coastline, I felt a twinge of sadness.

As I look back on that day many years ago and try to understand the source of my ambivalence, I realize it was more than the shared experience anyone goes through as they leave home for the first time. Because, in fact, for me, it was not the first time. The distant memories of that fateful day in the Havana airport still haunt me. Puerto Rico had been my home for the past nine years, and while at times I had felt like I didn't quite fit in, ultimately I had grown to appreciate what many Cuban immigrants loved about it. On the surface there was seemingly little difference between my birth and adopted homes. The people behaved and spoke in much the same way. The food, music, and customs were similar. Both islands shared similar topography: lush tropical mountains in the center of the island, and sparking, pristine beaches along the coast. Yes, I had felt at home most of the time. It was the closest place, figuratively and almost literally, to Cuba, that anyone could live. Yet, to this day, when someone asks me where I'm from, I struggle with an answer. I often respond, "Do you mean originally?" That response belies the fact that in my heart I have come to accommodate both places that helped shape my identity, but also

CubaRican

Me fui de Puerto Rico para ir a la universidad en los Estados Unidos cuando tenía diecisiete años. Tenía sentimientos mixtos acerca de irme. Estaba emocionado por la idea de vivir solo y conocer gente nueva. Me gustaba la idea de aprender cosas nuevas y tratar de descubrir qué quería hacer con el resto de mi vida. Pero mientras miraba para afuera por la ventana del avión a la costa que se desvanecía rápidamente, sentí una punzada de tristeza.

Cuando pienso en ese día hace muchos años, y trato de entender la fuente de mi ambivalencia, me doy cuenta de que fue más que la experiencia común por la que alguien pasa cuando se va de su casa por primera vez. Porque, de hecho, para mí, no era la primera vez. Los distantes recuerdos de aquel día tan crucial en el aeropuerto de La Habana todavía me persiguen. Puerto Rico había sido mi hogar durante los últimos nueve años, y aunque a veces había sentido que yo no pertenecía por completo, sí había llegado a apreciar lo que muchos inmigrantes cubanos amaban de él. En apariencia había poca diferencia entre los dos países. La gente actuaba y hablaba de la misma manera. La comida, la música y las costumbres eran parecidas. Ambas islas comparten una topografía similar: exuberantes montañas tropicales en el centro de la isla y playas vírgenes y brillantes a lo largo de la costa. Sí, me había sentido como en mi casa la mayor parte del tiempo. Era el lugar más cercano, figurativa y casi literalmente, a Cuba, que cualquiera podía vivir. Sin embargo, hasta el día de hoy, cuando alguien me pregunta de dónde soy, lucho con una respuesta. A menudo respondo: "¿Quieres decir originalmente?" Esa respuesta

that the concept of home, at least for me, continues to be a source of both comfort and distress.

desmiente el hecho de que en mi corazón he llegado a acomodar ambos lugares que ayudaron a dar forma a mi identidad, pero también que el concepto de hogar, al menos para mí, sigue siendo una fuente de consuelo y angustia.

Eduardo R. del Río was born in Havana, Cuba, and grew up in San Juan, Puerto Rico. He holds a Ph.D. in English Literature, and is an NEH Fellow. He is the editor of *The Prentice Hall Anthology of Latino Literature* and *One Island Many Voices: Interviews with Cuban-American Writers* from The University of Arizona Press. He has published numerous essays in peer-reviewed national and international journals. His most recent prose and poetry can be found in *Voices de la Luna*, *The Journal of Caribbean Literature*, and *Label Me Latina/o*. He is Emeritus Professor from The University of Texas-Rio Grande Valley where he taught Latina/o and Mexican-American Literature for twenty-five years. He is currently working on a collection of slipstream short stories with Latinx themes tentatively titled *Latinx Futures*. He lives in the southern border town of Brownsville, Texas, with his wife Janet and cat Lucy.

Printed in the USA
CPSIA information can be obtained
at www.ICGtesting.com
LVHW050547071223
765728LV00089B/2447